AF557372

Mazen Abdalli
Mira Rzany
Annika Hildebrandt
Lara Neudert

Mission Schuppe

Eine kleine Geschichte über das Leben mit Neurodermitis

Psychologische Kinderbücher

hogrefe

Inhaltsverzeichnis

Die Sonne scheint durch Sophies Fenster und kitzelt sie an der Nase. In ihrem Bauch kribbelt es. Heute ist ihr erster Tag in der neuen Schule! Sie kann es kaum erwarten und springt aus dem Bett. Aufgeregt rennt sie zum Kleiderschrank und guckt sich im Spiegel an.

SeP

Ihr Blick fällt direkt auf ihre roten und schuppigen Flecken an den Ellenbeugen, am Hals, an den Händen und im Gesicht. *Mist! Nicht gerade jetzt! So finde ich doch nie neue Freunde!* Sophie stapft traurig zu ihrem Kleiderschrank. *Vielleicht sollte ich lieber einen langärmligen Pulli anziehen und nicht das schöne Kleid.* Schon beim Fertigmachen merkt sie, wie sie immer aufgeregter wird und ihre Haut immer stärker juckt. Ständig muss sie sich kratzen.

Von ihrer guten Laune ist gar nichts mehr übrig. Doch nun muss sie sich schnell auf den Weg machen. Es ist schon halb acht! Einige Minuten später verlässt Sophie gemeinsam mit ihren Eltern das Haus. Sie hat einen Kloß im Hals.

Als Sophie das Klassenzimmer mit ihrer neuen Lehrerin Frau Schönberg betritt, drehen sich alle anderen Kinder zu ihr um.
„Das ist Sophie, eure neue Mitschülerin", stellt Frau Schönberg Sophie vor.
Sophie hört ein paar Mädchen in der vorderen Reihe tuscheln.
„Was ist denn mit der?"
„Hast du ihr Gesicht gesehen?"
„Du kannst dich da neben Paul setzen." Frau Schönberg zeigt auf einen Jungen mit schwarzen Haaren.

GIRL Pow
AWE-
SOME

Als Sophie sich hinsetzt, guckt Paul auf ihre roten Stellen im Gesicht und an den Händen und rutscht angewidert weg. Während der ganzen Stunde spürt Sophie die Blicke der anderen auf sich. In der Fünf-Minuten-Pause dreht Paul sich zu einer Mitschülerin um. „Ihh, ich will nicht mehr neben der sitzen. Die ist voll eklig, Tina!"

„Die steckt dich bestimmt an", erwidert Tina, „dann siehst du auch bald so aus!"

Sophie merkt, wie der Kloß in ihrem Hals immer größer wird. Sie versucht ihre aufsteigenden Tränen zu unterdrücken.

„Das hab ich gehört!", ruft Sophie lauter als gewollt. Da dreht sich die ganze Klasse zu ihr um.

„Das solltest du auch, du Schuppe!", antwortet Paul. Die anderen Kinder lachen. Der Kloß in Sophies Hals ist nun so groß, dass sie gar nichts mehr sagen kann. Traurig wartet sie, bis der Unterricht zu Ende ist.

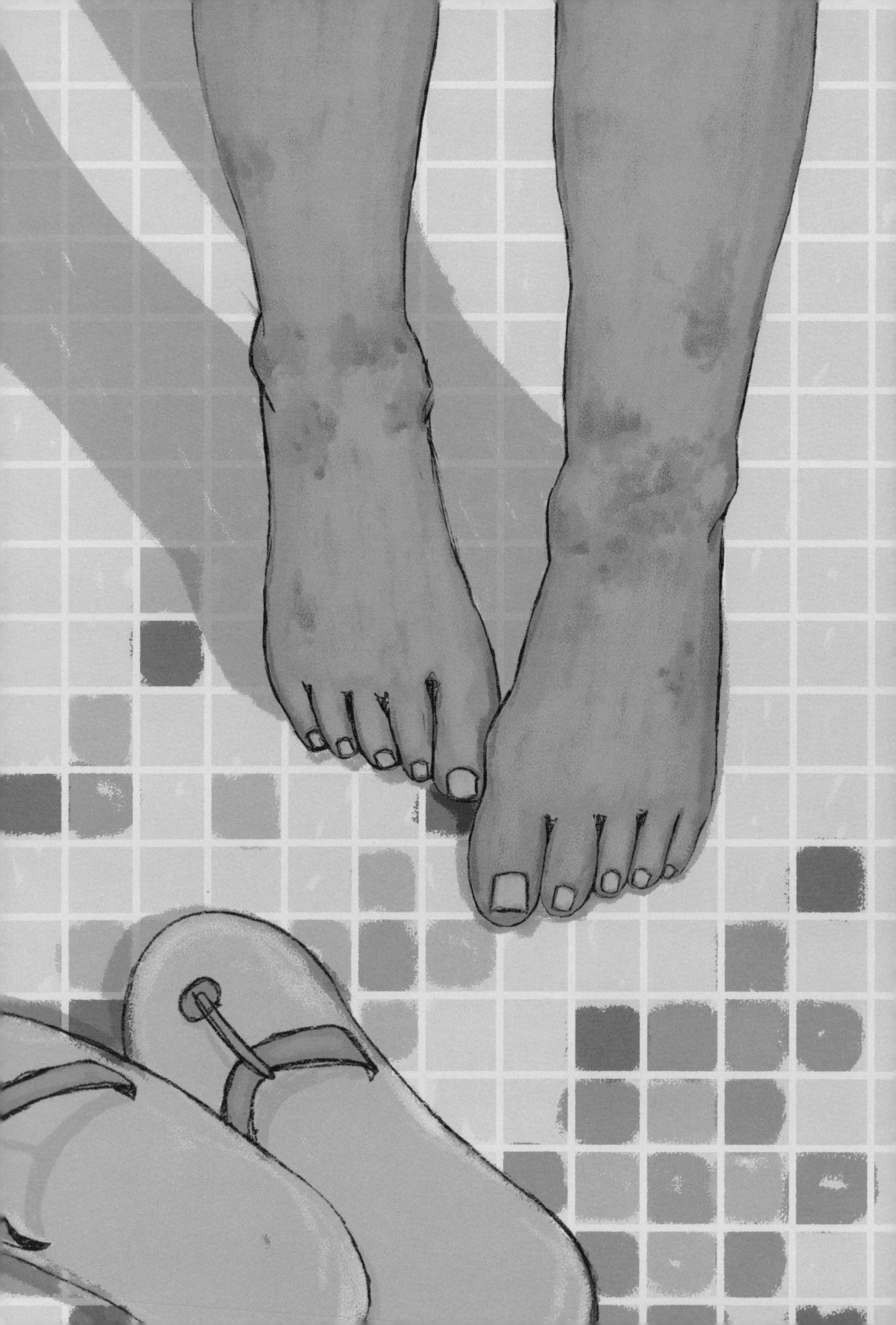

Am nächsten Tag, als die Klasse Schwimmunterricht hat, sieht Sophie von der Bank am Rand aus dabei zu, wie die anderen fröhlich ins Wasser springen.

Ich wäre jetzt auch so gerne im Wasser. Warum kann ich nicht so sein wie die anderen?! Meine blöde Haut macht alles kaputt!

In diesem Moment ruft Tina: „Guckt mal, Schuppe traut sich nicht ins Wasser! Voll der Angsthase!" Wieder lachen die anderen Kinder und rufen jetzt alle gemeinsam im Chor:

„Schuppe, Schuppe, Schuppe!" Sophie würde so gern erklären, warum sie nicht ins Wasser darf. Sie schafft es aber nicht: Der Kloß in ihrem Hals ist schon wieder da. Und diesmal ist er einfach viel zu groß. Jetzt würde sie am liebsten zu Hause in ihrem Bett liegen. *„Schuppe" ist jetzt wohl mein neuer Spitzname.*

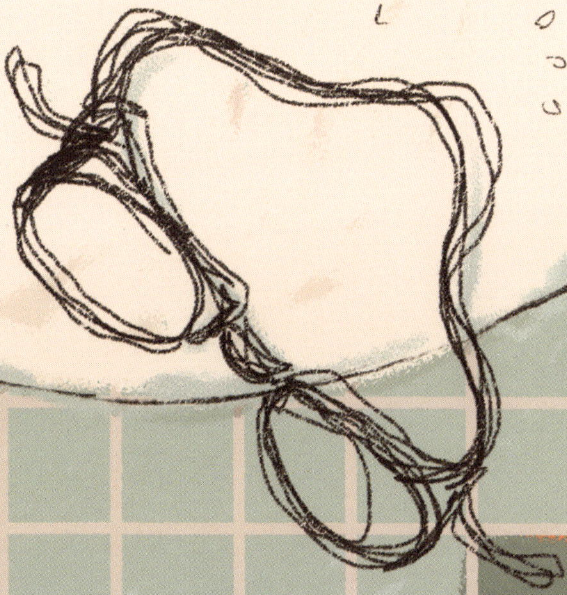

In den nächsten Tagen sitzt Sophie allein auf einer Bank am Rand des Schulhofs, während die anderen Kinder fröhlich in den Pausen spielen. Niemand fragt sie, ob sie mitspielen möchte. Sophie traut sich aber auch nicht, selbst zu fragen. *Die anderen finden mich doch sowieso nur eklig. Hier auf der Bank lassen sie mich wenigstens in Ruhe.* Doch gut fühlt sich das nicht an. Am liebsten würde sie gar nicht mehr zur Schule gehen.

Zwei Wochen später, als Sophie sich gerade auf den Weg zur Schule machen will, sieht sie ihren Mitschüler Lennart aus dem Haus gegenüber kommen. Sofort wendet Sophie den Blick ab. Damit Lennart sie nicht einholt, läuft sie schneller. *Hoffentlich hat er mich nicht gesehen. Ich habe keine Lust, schon wieder zu hören, wie eklig ich bin.*

Doch sie hört Lennart hinter sich rufen. „Warte, Sophie!"

Na toll! Sophie läuft noch schneller.

Lennart rennt zu ihr und hält sie am Arm fest.

Wütend dreht Sophie sich um. „Was willst du?"

„Ich hab meine Mama gefragt, warum deine Haut so komisch aussieht", sagt Lennart. „Die ist nämlich Ärztin. Sie hat mir erklärt, dass du eine Krankheit hast und deshalb deine Haut so rot wird und du dich immer kratzen musst.
Das heißt irgendwie Neuro... dingsbums."
„Neurodermitis heißt das!" Sophie versucht, sich von Lennart loszureißen.
Lennart sieht sie traurig an. „Ich weiß jetzt, dass du nichts dafür kannst und auch nicht ansteckend bist. Tut mir leid, dass ich so gemein zu dir war."
Sophie weiß nicht, was sie erwidern soll. Aber gleichzeitig fühlt sie sich auch sehr erleichtert, dass Lennart nett zu ihr ist.
„Schon okay, das ist nicht das erste Mal, dass die Leute mich eklig finden. Ich hab das nämlich schon, seit ich ein Baby bin."
„Oha!", rutscht es Lennart raus. „Das ist aber lange! Wie ist das denn so? Tut das weh?" Sophie ist verdutzt. Das hat sie noch nie jemand gefragt! Sie gibt sich einen Ruck und beginnt, über ihre Krankheit zu erzählen. Lennart hört ganz gespannt zu. Sophie spürt, wie ihr Kloß im Hals langsam kleiner wird. Das fühlt sich richtig gut an.

Von diesem Tag an geht Sophie immer mit Lennart gemeinsam zur Schule. Von ihren Mitschülern wird sie jetzt zwar nicht mehr ausgelacht, aber immer noch Schuppe genannt.
In den Pausen sitzt sie nun nicht mehr ganz allein auf der Bank. Denn statt mit den anderen zu spielen, erzählen Sophie und Lennart sich gegenseitig spannende Geschichten.

„Schade, dass sonst keiner hört, was für coole Detektivgeschichten du erzählen kannst", sagt Lennart an einem Freitag, als sie wieder auf der Bank sitzen.

„Ich habe eine Idee!", ruft Sophie da. Aufgeregt erzählt sie Lennart, was ihr eingefallen ist, und die beiden schmieden einen tollen Plan zusammen. Nach der nächsten Stunde gehen sie zu Frau Schönberg und erzählen ihr davon. Die ist ganz begeistert. „Ich freue mich schon darauf!", sagt sie.

Breakable

Am Montag liegen Zettel auf allen Plätzen in der Klasse.

Darauf steht:

„Herzlich willkommen zu ‚Mission Schuppe'!

Heute bist du ein Detektiv!"

Sophie sieht, wie die anderen aufgeregt auf ihren Stühlen hin und her wippen, während sie den Zettel lesen. Selbst Tina ist begeistert. Nur Paul verzieht das Gesicht. „Was soll das denn, Schuppe? Darauf hab ich echt keinen Bock!"

„Nun warte doch erst mal ab und lass dich überraschen!", meint Frau Schönberg. Paul schnaubt, sagt aber nichts mehr.

Und schon beginnt „Mission Schuppe"!

„Gute Detektive müssen Spuren suchen, und das ist auch eure Aufgabe", erklärt Sophie.

Tina entdeckt als Erste die Fußspuren auf dem Boden. „Hier lang!" Schnell folgt die ganze Klasse den Spuren. Nur Paul trottet widerwillig hinterher.

Die Fußspuren enden auf dem Grundstück neben der Schule.

Dort stand früher ein Haus, das vor Kurzem abgerissen wurde.

Sophie stellt sich mit Lennart vor die Klasse.

Links und rechts von ihnen sind zwei kleine Mauern aus Ziegelsteinen aufgebaut.

Lennart drückt allen eine Lupe in die Hand. Währenddessen erklärt Sophie den Auftrag. „Ihr müsst herausfinden, worin sich die beiden Mauern unterscheiden."

Schnell machen sich die Kinder an die Aufgabe. Sophie sieht, dass nun auch Paul eifrig dabei ist, die Mauern zu untersuchen.

Na also! Sie ist erleichtert und lächelt.

Paul ist dann auch der Erste, der den Unterschied entdeckt. „Bei der einen Mauer sind ganz viele kleine Löcher drin, und sie wackelt. Die andere ist stabil."

„Genau!", ruft Sophie. „Damit wollen wir euch jetzt erklären, warum meine Haut so komisch aussieht."

Lennart stellt sich neben die stabile Mauer. „So kann man sich eine gesunde Haut vorstellen. Ständig versuchen Einbrecher in die Haut reinzukommen, so Sachen wie Schweiß, Blütenstaub oder Schmutz. Einer gesunden Haut macht das überhaupt nichts aus, weil die Ziegelsteine ja sehr nah beieinander sind und eine hohe Mauer bilden. Da kommen die Einbrecher nicht durch."

Sophie zeigt nun auf die beschädigte Mauer. „Diese Mauer ist wie meine Haut", sagt sie. „Durch die ganzen Löcher kommt zu viel Feuchtigkeit aus der Haut raus. Deshalb wird sie dann ganz trocken. Die Einbrecher können viel leichter durch die Löcher in der Mauer klettern und in die Haut reinkommen. Das juckt dann ganz fürchterlich, und alles wird rot. Ich kann euch aber nicht anstecken damit."

„Ist das der Grund, weshalb du nicht beim Schwimmunterricht und bei Wettrennen mitmachst?", fragt Tina.

„Ja genau, ich muss besonders auf die Einbrecher aufpassen und meine Haut vor ihnen schützen." Sophie spürt, dass der Kloß in ihrem Hals nun komplett verschwunden ist. Sie freut sich, der Klasse endlich alles erklären zu können. Sie nimmt all ihren Mut zusammen und fügt hinzu: „Deshalb ist es auch so blöd, wenn ihr mich wegen meiner Haut auslacht oder mich Schuppe nennt. Ich kann ja nichts dafür. Das macht mich traurig."

Tina tritt mit gesenktem Kopf vor.

„Tut uns leid, das wussten wir nicht."

Auch Paul hört sie ein leises „'Tschuldigung" stammeln.

Sorry!

Auf dem Weg nach Hause fragt Lennart Sophie:

„Und, wie fandest du es heute?"

„Ich glaube, ‚Mission Schuppe' war ein voller Erfolg!"

Sophie kann sich ein Lächeln nicht verkneifen.

Mach mit!

Informationen und Übungen für dich

Hinweise zu den Mach-mit-Seiten

Sie können die Mach-mit-Seiten für diesen Titel kostenfrei über unsere Internetseite nach erfolgter Registrierung online abrufen.

Nutzen Sie dazu bitte den angegebenen Link und melden Sie sich nach den dort beschriebenen Schritten an. Sie können auf die Materialien über Mein *Konto* zugreifen, indem Sie unter *Meine Zusatzmaterialien* den Code eingeben. Sie werden dann automatisch in den Downloadbereich weitergeleitet.

Link: hgf.io/download
Code: B-4F4I8I

Wir empfehlen Ihnen, sich die Materialien auf Ihrem Rechner zu speichern, um sie jederzeit dauerhaft nutzen zu können.

Liebe/r ______________,

Gerade hast du von Sophies aufregender Mission gehört. Bist du nun bereit für dein eigenes Abenteuer? Auf den folgenden Seiten bekommst du einen genaueren Einblick in die Krankheit Neurodermitis, die von Ärztinnen und Ärzten meist mit dem Begriff „atopische Dermatitis" beschrieben wird. Anschließend kannst du dann selbst Detektivin oder Detektiv sein und auf deine eigene Mission gehen.

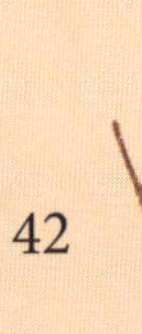

Kennzeichen des Krankheitsbilds

Ob man Neurodermitis bekommt, hängt von vielen unterschiedlichen Dingen ab. Kinder, deren Eltern auch Neurodermitis haben, sind anfälliger dafür, selbst Neurodermitis zu bekommen. Allerdings muss das nicht unbedingt so sein, denn es spielen noch viele andere Dinge eine Rolle. Wie du ja schon in Sophies Geschichte gesehen hast, ist die Haut bei Neurodermitis ganz trocken. Dadurch können „Einbrecher" wie Schmutz, Blütenstaub oder Schweiß leicht in die Haut eindringen. Der Körper versucht mit aller Kraft, die Einbrecher abzuwehren. Das verursacht dann rote Stellen auf der Haut, die ganz stark jucken und sich manchmal auch feucht anfühlen können. Durch Stress oder Aufregung kann es passieren, dass die Haut besonders stark reagiert. Es kann aber auch Zeiten ohne Beschwerden geben. Wenn die Haut juckt und man sich kratzt, mag das im ersten Moment den Juckreiz lindern. Doch langfristig gesehen schadet das der Haut, und die Einbrecher können noch leichter eindringen. Dies verschlimmert den Juckreiz. Durch das ständige Jucken schlafen die Betroffenen auch schlecht. Am Tag sind sie dann häufig sehr müde und können sich schlecht konzentrieren.

So wie Sophie fällt es den meisten Kindern mit Neurodermitis schwer, anderen ihre Krankheit zu erklären. Sie schämen sich für ihr Aussehen und ziehen sich oftmals eher zurück. Wenn dann andere Kinder wie Paul noch gemeine Dinge sagen, verschlimmert sich das Ganze.
Manchmal können die Kinder wegen der Krankheit auch nicht beim Sport oder beim Spielen mitmachen, da das die Haut noch mehr belastet. Auch Sonnenstrahlen, Waschmittel oder Cremes, also Dinge, auf die andere nicht achten müssen, können bei Neurodermitis die Beschwerden verschlimmern. All das führt dazu, dass die betroffenen Kinder oft sehr traurig sind und vielleicht auch gar nicht mehr in die Schule gehen wollen.

Wie oft kommt Neurodermitis vor?

Viele Kinder fühlen sich mit ihrer Neurodermitis ganz allein. Ging es dir auch schon mal so? Aber: Du bist nicht allein! Denn in Deutschland haben etwa ein bis zwei von zehn Schulkindern Neurodermitis. Die Krankheit tritt in den meisten Fällen schon vor dem 3. Lebensjahr auf.

Neurodermitis kann zwar nicht geheilt werden, aber es gibt verschiedene Behandlungsmöglichkeiten, um die Beschwerden zu mindern. Und in vielen Fällen verschwinden die Symptome der Neurodermitis sogar im Jugendlichen - oder Erwachsenenalter ganz!

So können die Personen dann ohne Einschränkungen ihren Alltag leben.

Wie finde ich heraus, ob ich Neurodermitis habe?

Ob man atopische Dermatitis (also Neurodermitis) hat, wird von einem Arzt oder einer Ärztin festgestellt. Diese/r schaut sich deine Haut ganz genau an und berät dich, was du gegen die Erkrankung machen kannst. Vielleicht merkst du auch, dass du dich häufig ganz traurig fühlst, dich die Neurodermitis stark einschränkt, du vielleicht sogar Angst davor hast, zur Schule zu gehen, dich für dein Aussehen schämst oder dich immer mehr zurückziehst und niemanden sehen möchtest. Wenn das so ist, kannst du dir immer Hilfe suchen – bei deinen Eltern, Freundinnen und Freunden oder auch bei einer Psychotherapeutin oder bei einem Psychotherapeuten. Diese/r schaut sich gemeinsam mit dir deine Sorgen und Belastungen näher an. Das kannst du dir vorstellen wie eine Detektivsuche! Ihr geht deinen Sorgen auf den Grund, findet heraus, was da eigentlich dahintersteckt und wie du am besten damit umgehen kannst.

Was kann ich dagegen tun?

Es gibt viele verschiedene Möglichkeiten, um mit der Neurodermitis besser zurechtzukommen. Einige davon möchten wir dir hier vorstellen. Besonders wichtig ist, dass du dich zunächst einmal genau mit deiner Krankheit beschäftigst. Vielleicht hat deine Ärztin oder dein Arzt dir schon mal genau erklärt, was Neurodermitis überhaupt ist und wie diese Krankheit zustande kommt. Oder du hast auch schon einmal an einem Training zum Thema Neurodermitis teilgenommen. Dort und auch bei deiner Ärztin oder deinem Arzt bekommst du praktische Tipps, wie du mit Neurodermitis umgehen kannst. Ein wichtiger Bestandteil ist dabei die Pflege der Haut, besonders das tägliche Eincremen. Du kennst das sicher auch: Es kann total nerven, wenn man sich ständig die Haut eincremen muss. Aber das Tolle daran ist, dass man dadurch sogar schlimmere Phasen und einen ganz starken Juckreiz verhindern oder abschwächen kann. Neben dem Eincremen gibt es aber noch andere Sachen, die du gegen deine Beschwerden tun kannst. In Neurodermitis-Trainings werden dir zum Beispiel verschiedene Entspannungsverfahren gezeigt. Diese können dir sehr gut helfen, wenn du mal sehr angespannt bist oder wenn dir alles zu viel wird. Denn durch Stress kann sich die Neurodermitis auch verschlimmern!

In diesen Trainings wirst du auch dazu aufgefordert, selbst Detektiv oder Detektivin zu werden! Im Alltag geht es dann auf Spurensuche: Du musst selbst herausfinden, welche Dinge bei dir die Neurodermitis verschlimmern und was deiner Haut besonders guttut. Zudem kannst du, wenn so ein Training nicht ausreicht, auch immer eine Beratungsstelle für Psychotherapie aufsuchen.

Wie schon erwähnt, hört sich eine Psychotherapeutin oder ein Psychotherapeut deine Sorgen an und findet gemeinsam mit dir Lösungen. Ihr entwickelt zusammen Ideen, wie du im Alltag besser mit der Neurodermitis, aber auch mit anderen Problemen zurechtkommen kannst, damit du dich zum Beispiel nicht mehr so traurig fühlst und wieder mehr Spaß hast. Beispielsweise kann deine Psychotherapeutin oder dein Psychotherapeut dir zeigen, wie du besser mit deinem Juckreiz umgehen, in stressigen Zeiten einen kühlen Kopf bewahren und deine eigenen Stärken erkennen kannst.

Sophie hatte zunächst Angst, sich den anderen gegenüber zu öffnen und von ihrer Krankheit zu erzählen. Vielleicht geht es dir ja auch so. Auch hier kann dir eine Psychotherapie helfen.

Gemeinsam mit deiner Therapeutin oder deinem Therapeuten lernst du, dich zu trauen, auf andere zuzugehen und ihnen mehr über deine Krankheit zu erklären. Für die anderen ist das nämlich wahrscheinlich neu und ungewohnt.

Wenn sie aber erst mal mehr über Neurodermitis wissen, fällt es ihnen viel leichter, dich zu verstehen. So war es ja auch bei Sophie! Nun starten wir aber endlich mit den Detektivaufgaben! Bist du bereit?

Was du selber tun kannst

Jetzt hast du ja eine Menge Informationen über die Krankheit Neurodermitis bekommen. Im Folgenden findest du ein paar Übungen, die dir dabei helfen, im Alltag besser mit der Neurodermitis klarzukommen.

Sophie ist immer sehr aufmerksam und erforscht, was ihrer Haut guttut und was nicht. Sie dokumentiert dann immer alles in einem Detektivbuch. Das kannst du jetzt auch tun. Auf der nächsten Seite findest du dein eigenes Detektivbuch. Nun kannst du also selbst Detektiv oder Detektivin sein und deine Haut erforschen.

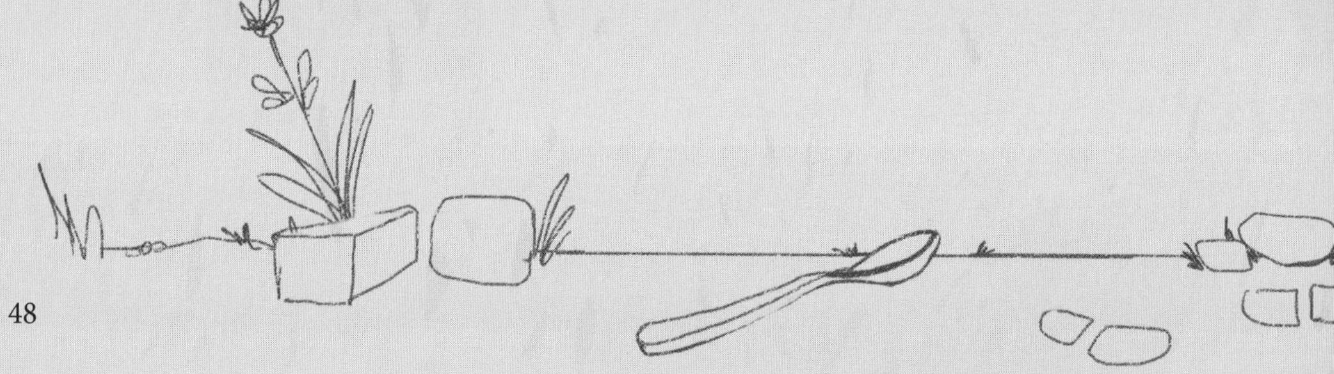

Dein Detektivbuch

Hier siehst du eine Liste mit ganz vielen Dingen, die häufig dazu führen können, dass sich die Neurodermitis verschlimmert. Achte im Alltag jetzt mal genauer darauf, ob bestimmte Dinge davon auch für dich zutreffend sind. Bestimmt kennst du bereits Dinge, die bei dir zu einer Verschlechterung der Haut führen. Diese kannst du natürlich direkt eintragen. Na, worauf wartest du noch? Los geht´s!

Tierhaare: welche?
Trauer
Wut
Freude
Stress
Angst
Sonne
Wasser
Gräser und Pollen: welche?
Hausstaub
Cremes und Shampoos: welche?
Nahrungsmittel: welche?
Schwitzen
Temperaturwechsel: von kalt zu warm oder von warm zu kalt?
Sonstige ....
....
....
....
....

Häufig juckt die Haut bei schlimmeren Phasen der Neurodermitis ganz fürchterlich. Man möchte sich dann einfach nur die ganze Zeit kratzen. Bestimmt kennst du das auch. Wie du bereits gelernt hast, führt das Kratzen aber nur zu einer weiteren Verschlechterung deines Hautzustandes. Dadurch verschlimmern sich der Juckreiz und die roten Stellen auf der Haut nur noch mehr. Deshalb ist es wichtig, das Kratzen zu vermeiden. Das ist natürlich nicht immer so einfach. Vor allem, wenn der Juckreiz ganz stark ist. Hier bekommst du Tipps, mit denen Sophie ihren Drang zu kratzen bekämpft. Probiere doch einige Tipps mal aus! Du kennst sicher schon einige Dinge, die dir bei dem Juckreiz helfen. Diese kannst du hier auch notieren.

....

....

....

....

....

....

....

....

....

....

Sophies Tipps, wenn der Juckreiz da ist:

- sich entspannen (Traumreisen, Entspannungsübungen)
- sich kühlen (Arme unter kaltes Wasser, Eisbeutel, gekühlte Steine). Wichtig ist, dass du dich danach aber immer ordentlich eincremst.
- sich ablenken (ein Hörbuch hören, lesen, einen Film schauen, Freunde treffen, Karten- oder Brettspiele spielen)
- die Haut klopfen, streicheln, cremen.

Hier ist ein Beispiel für eine kurze Traumreise durch den Herbst:

Setz dich oder leg dich bequem hin und schließe deine Augen. Atme einmal tief ein und wieder aus. Stell dir nun vor, du stehst in einem wunderschönen Wald. Es ist Herbst. Die Blätter leuchten in den unterschiedlichsten Farben. Die Sonnenstrahlen dringen durch die Bäume in den Wald. Sie kitzeln dich an deiner Nase. Alles ist erleuchtet. Du siehst, wie einige Bäume schon ihre Blätter verlieren. Der ganze Boden ist bereits bedeckt mit roten, gelben, orangen Blättern. Über dir hörst du die Vögel zwitschern. Du atmest einmal tief ein und wieder aus und riechst diesen angenehmen Herbstgeruch.

Du bist völlig entspannt und genießt den schönen Anblick des Herbstwaldes. Atme noch ein paar Mal tief ein und aus, so lange, bis du völlig entspannt und ruhig bist. Nun mach dich bereit, um zurückzukehren. Wenn du so weit bist, atme nochmal ganz tief ein, öffne langsam die Augen und komme wieder in den Raum zurück.

Sophies Tipps, damit der Juckreiz gar nicht erst entsteht:

- regelmäßig eincremen
- eine Wechseldusche nehmen
  (mal warmes, mal kaltes Wasser)
- die Haut nach dem Duschen abklopfen statt abrubbeln
- Seidenbettwäsche benutzen
- bequeme Klamotten tragen
- zu warme Heizungsluft vermeiden
- Zimmer gut lüften

Was hilft dir?

....

....

....

....

....

Sophie war häufig ganz traurig, weil sich die anderen Kinder über sie lustig machten. Sie schämte sich für ihr Aussehen, vor allem wenn die Neurodermitis wieder besonders schlimm war und sie bei so vielen Aktivitäten nicht mitmachen konnte. Sie wollte dann einfach nur so sein wie die anderen.

Sophie überlegte sich dann aber, was sie unabhängig von ihrer Krankheit besonders gut konnte. Sie kann beispielsweise besonders gut malen und Flöte spielen. Zudem fragte sie ihre Eltern und Lennart, was sie an ihr schätzen. All diese Dinge notierte sie dann in ihrem Detektivbuch. Wenn sie jetzt mal wieder traurig ist, liest sie sich die Dinge einfach durch und fühlt sich gleich viel besser. Vielleicht probierst du das auch aus. Was sind deine Stärken? Vielleicht fragst du auch deine Eltern oder Freunde, was sie an dir mögen.

Meine Stärken

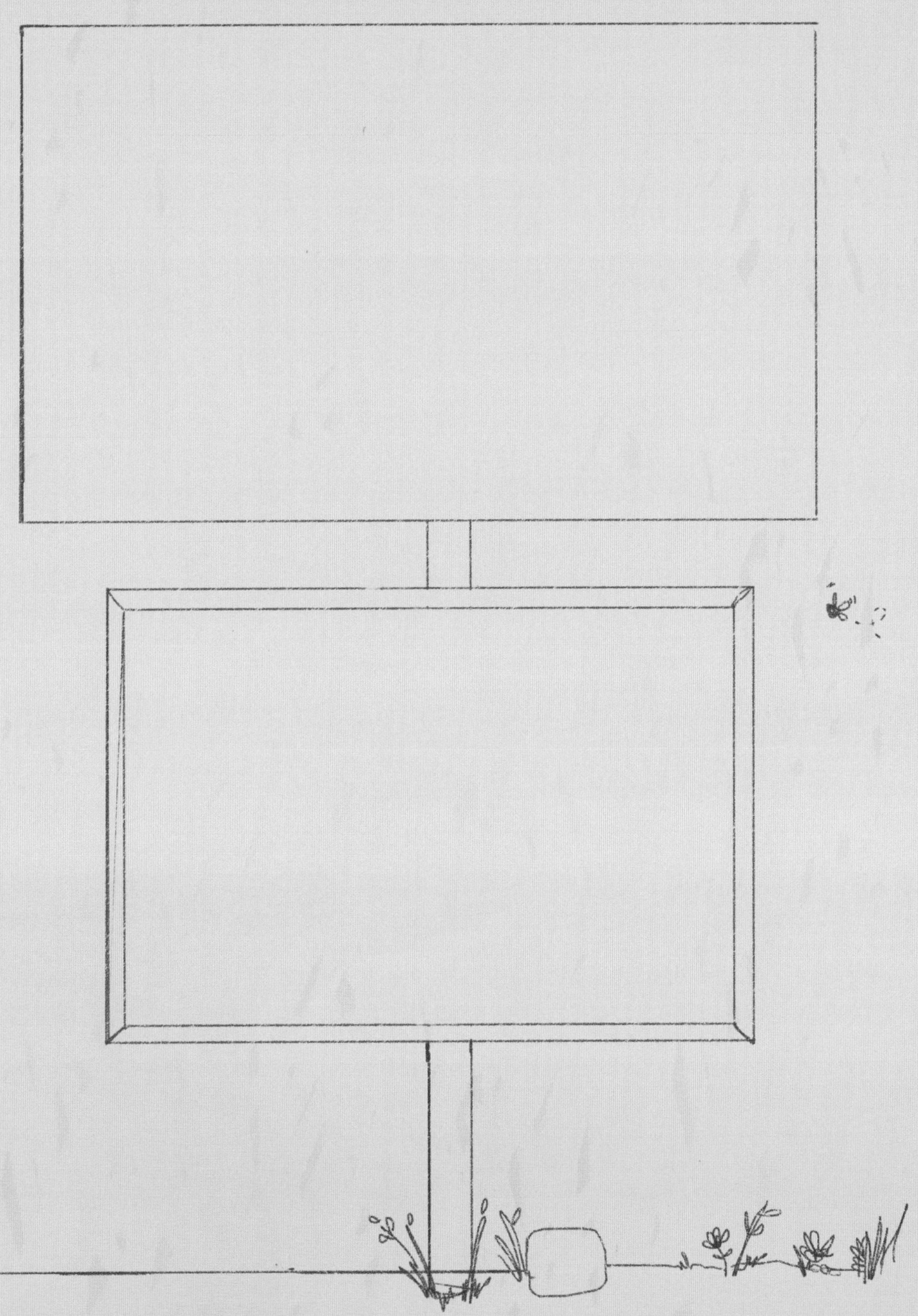

Das Lästige bei der Behandlung von Neurodermitis ist das ständige Eincremen. Das vergisst man auch schon mal. Dennoch ist es wichtig, sich immer gründlich einzucremen, auch wenn die Haut nicht juckt. Damit werden neue Schübe vermieden, und die Haut bleibt elastisch. Falls du das nicht glaubst, kannst du es ja ausprobieren. Creme doch mal nur eine Körperseite ein und die andere nicht. Merkst du einen Unterschied?

....

....

....

....

Sophie kann das ständige Eincremen auch nicht leiden. Sie weiß aber, wie wichtig es ist. Um sich selbst zu motivieren, hat sie sich Gründe dafür aufgeschrieben, warum das Eincremen so wichtig ist:

- weniger Juckreiz
- die Haut heilt schneller wieder ab
- Sophie kann also eher wieder draußen Fußball spielen

Was sind deine Gründe? Warum ist das Eincremen für dich wichtig?

....

....

....

....

Um das Eincremen lustiger zu gestalten, hört Sophie dazu immer ihr Lieblingslied. So ist das Eincremen nur halb so lästig. Vielleicht probierst du das auch mal aus! Wichtig ist, dass du es trotzdem gründlich machst.

Welches Lied könnte dich beim Eincremen begleiten?

....

....

....

....

Für alle, die mehr wissen wollen

Informationen für Eltern

Liebe Eltern,

im folgenden Abschnitt weisen wir Sie auf einige übliche Probleme im Zusammenhang mit atopischer Dermatitis hin. Denn diese hat nicht nur Auswirkungen auf das Kind, sondern betrifft die ganze Familie. Wir geben Ihnen Tipps und nennen Möglichkeiten, diese Probleme zu überwinden, um das Familienleben so unbeschwert wie möglich zu gestalten. Leidet Ihr Kind unter atopischer Dermatitis, kann das eine große Belastung für den Alltag in der Familie sein. Arztbesuche müssen organisiert werden, das tägliche Eincremen muss unterstützt werden, das betroffene Kind muss lernen, mit der Krankheit bestmöglich umzugehen, und möglicherweise auch auf einige Aktivitäten verzichten. Vielleicht fühlen Sie sich als Elternteil oftmals hoffnungslos, möglicherweise auch im Lebensstil eingeschränkt. Auch die Beziehung zu Ihrem Kind kann unter der atopischen Dermatitis leiden, da beispielsweise kuscheln oder in den Arm nehmen oft nicht so möglich ist, wie man es sich wünschen würde. Die Krankheit ist ein stetiger Begleiter der Familie. Trotzdem soll aber das Verhältnis der Familienmitglieder untereinander nicht leiden, auch wenn das nicht immer leicht ist. Doch wie geht man am besten mit dieser Situation um? Wir versuchen, Ihnen auf diese Frage Antworten zu geben. Zunächst finden Sie hier einen Überblick über einige durch Studien belegte günstige sowie ungünstige Einflussfaktoren auf die Beziehung in der Familie.

Günstige Einflussfaktoren

- Betonung hoher Selbstverantwortlichkeit und hoher Unabhängigkeit des Kindes
- gute Organisation
- Wohlbefinden der Eltern
- positive Zuwendung zum Kind unabhängig von der atopischen Dermatitis

Ungünstige Einflussfaktoren:

- resignative, pessimistische und hilflose Einstellung gegenüber der atopischen Dermatitis und deren Behandlung
- Schuldgefühle und das Gefühl, nicht zu genügen
- starke Kontrolle des Kindes
- Stress

Wie Sie sehen, ist es also ganz entscheidend, die atopische Dermatitis nicht zum Hauptthema der Familie zu machen. Trotzdem muss natürlich im Umgang mit der Krankheit auf einiges geachtet werden. Besonders das tägliche Eincremen spielt eine ganz entscheidende Rolle bei der Behandlung von atopischer Dermatitis. Hier finden Sie einige Tipps, wie Sie das notwendige, aber für das Kind oft sehr stressige Eincremen möglichst angenehm gestalten können:

- Fragen Sie sich: „Wie würde ich mich in der Situation am wohlsten fühlen?" Behalten Sie im Kopf, wie Sie sich selbst bei einer gereizten und empfindlichen Haut eincremen würden.
- Gestalten Sie das Eincremen als Massage. Machen Sie dies nur, wenn es für Ihr Kind angenehm ist. Benutzen Sie dabei die Lotion, die Ihr Kind verträgt. Probieren Sie unterschiedliche Formen von Massage aus, beispielweise klopfen, kreisen (nur mit den Fingerkuppen oder der ganzen Hand), und fragen Sie dabei Ihr Kind, was es am angenehmsten findet.
- Stellen Sie eine angenehme Atmosphäre her: Spielen Sie zum Beispiel ein Lied ab, das Ihr Kind besonders mag, oder erzählen Sie ihm eine Geschichte.
- Versuchen Sie frühzeitig, Ihr Kind möglichst viel selbst übernehmen zu lassen.

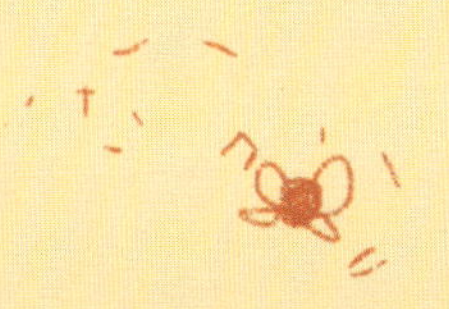

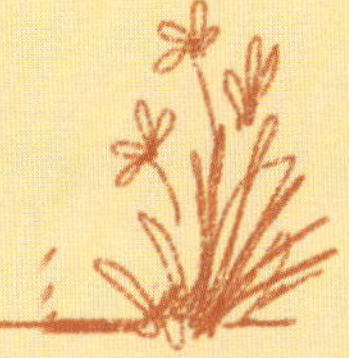

Natürlich sollte nicht nur Ihr Kind, sondern auch Sie als Eltern sollten detektivisch vorgehen und alle individuellen Besonderheiten bezüglich der atopischen Dermatitis Ihres Kindes notieren. Dafür finden Sie hier einige Anregungen, um alle Ihre Beobachtungen zu sammeln.

- Welche Cremes helfen besonders gut? Zu welchem Zweck?
- An welchen Stellen ist die Haut Ihres Kindes besonders empfindlich?
- Unter welchen Umständen ist das Eincremen für Ihr Kind besonders angenehm?
- Welche Maßnahmen kann Ihr Kind schon ganz selbstständig durchführen?

Eigene Punkte

....

....

....

....

Im Folgenden möchten wir Ihnen gerne das sogenannte Token-System (Punktesystem) vorstellen.
Hierbei geht es darum, erwünschtes Verhalten bei Ihrem Kind aufzubauen, indem die entsprechende Verhaltensweise belohnt wird. Nach Vorlage des folgenden Scheckhefts können Sie ein eigenes Punktesystem erstellen:

Datum	Aufgabe	Einzahlung	Belohnung	Abhebung	Kontostand
1. Mai	15 Minuten Eincremen	+ 15			+ 15
2. Mai			15 Minuten länger aufbeiben	- 15	0
....	....	....	.....	.....	.....

- Wenn Ihr Kind eine Aufgabe erfüllt (z.B. eigenständiges Eincremen oder andere gewünschte Verhaltensweisen), schreiben Sie diese in die Spalte „Aufgabe" und unter „Einzahlung" die Anzahl an gewonnenen Punkten.
- Als Regel könnte gelten: Jede Minute, die eine Aufgabe in Anspruch nimmt, entspricht einem Wert von einem Punkt.
- Nimmt Ihr Kind eine Belohnung in Anspruch, tragen Sie die Belohnung in die Spalte „Belohnung" ein und ziehen die entsprechende Punktzahl unter „Abhebungen" vom Kontostand ab.
- Erstellen Sie mit Ihrem Kind zusammen eine Liste von Belohnungen (mindestens 10). Darunter fallen ganz alltägliche Dinge (fernsehen, Rad fahren, einen Freund oder eine Freundin besuchen), aber auch besondere Aktivitäten (ins Kino gehen, einen Familienausflug unternehmen, ein neues Spielzeug kaufen).
- Hier hat es sich bewährt, einen Großteil der Punkte, die Ihr Kind normalerweise am Tag verdient, für alltägliche Belohnungen zu verwenden und einen kleineren Part für besondere Aktivitäten zurückzulegen. Sie sollten sich im Vorfeld überlegen, wie viele Punkte jede einzelne Aktivität kosten soll. Wie viel Zeit soll Ihr Kind also dafür aufbringen, um dieser Aktivität anschließend nachgehen zu dürfen?

Weitere Hinweise zum Punktesystem:

- Im ganzen Prozess ist es von zentraler Bedeutung, dass Sie die einzelnen Schritte des Punktesystems in einer positiven Art und Weise mit Ihrem Kind besprechen, damit es nachvollziehen kann, was von ihm erwartet wird und wie das Ganze genau funktioniert.
- Machen Sie Ihrem Kind bewusst, dass es nur für Verhaltensweisen belohnt wird, die es sofort und nach einer einmaligen Aufforderung ausführt.
- Vergeben Sie keine Punkte, bevor Ihr Kind die Aufgabe nicht komplett erledigt hat. Sobald die Aufgabe erledigt wurde, warten Sie aber nicht mit der Einzahlung ins Scheckheft.
- Wenn beide Elternteile das Punktesystem verwenden, ist es am effektivsten.
- Lächeln Sie Ihrem Kind zu, wenn Sie ihm Punkte gutschreiben, und loben Sie es für die Aufgabe, die es erledigt hat.

Abschließend möchten wir gerne noch darauf hinweisen, dass Sie natürlich jederzeit Unterstützung im Umgang mit der atopischen Dermatitis Ihres Kindes in Anspruch nehmen können.

Auch für Eltern gibt es beispielsweise verschiedene Trainings und Schulungen, die genau über die Erkrankung und deren Behandlung aufklären. Ebenso sind gemeinsame Sitzungen bei einer Psychotherapeutin oder einem Psychotherapeuten möglich. Diese können dabei helfen, Lösungsstrategien für eine problembehaftete Beziehung zu entwickeln.

Wichtig ist, dass Sie als Elternteile trotz allem Ihr eigenes Wohlbefinden nicht außer Acht lassen.

Informationen für Lehrkräfte

Häufig wissen Lehrkräfte nicht, wie sie mit von atopischer Dermatitis betroffenen Kindern umgehen sollten. Ein paar Tipps und Anregungen für Lehrkräfte für die Arbeit im Schulalltag:

- Nehmen Sie Kontakt zu den Eltern oder den Erziehungsberechtigten auf, um zu klären, worauf das Kind achten muss, welche Allergien bestehen, was das Kind bei Juckreiz tun kann und wer bei einer starken Hautverschlechterung informiert werden soll.
- Haben Sie Verständnis dafür, wenn das Kind in akuten Phasen der atopischen Dermatitis aufgrund des Schlafmangels müde ist.
- Klären Sie gemeinsam mit dem betroffenen Kind die anderen Mitschüler*innen über die Erkrankung auf, um Ausgrenzung und Mobbing zu vermeiden. Seien Sie dabei kreativ, um dieses Thema möglichst ansprechend anzugehen und zu gestalten.
- Häufig sind betroffene Kinder ängstlich und zurückhaltender als die anderen Kinder. Deshalb ist es wichtig, den Einbezug in die Gruppe zu fördern, beispielsweise in Form von Gruppenspielen. Beachten Sie dabei, dass diese Spiele für das betroffene Kind ausführbar sind. Eine schöne Übung zur Stärkung des Selbstwertes und zur Förderung der Gruppendynamik ist die folgende Übung:

Rücken stärken:

Jedem Schüler und jeder Schülerin wird ein Blatt Papier auf dem Rücken befestigt. Die Aufgabe der Schüler*innen ist es, positive Dinge über und Wünsche für die Mitschüler*innen auf dieses Blatt zu schreiben, um ihnen so sinnbildlich den Rücken zu stärken. Die Schüler*innen können die Blätter mit nach Hause nehmen.
Normalerweise können betroffene Kinder außerhalb der akuten Phasen am Sport- und am Schwimmunterricht teilnehmen. Geben Sie dem Kind aber ausreichend Zeit, um sich vorher und nachher einzucremen.
Generell ist es wichtig, dass alles, was Sie tun, immer an die individuellen Bedürfnisse des Kindes angepasst ist.

Adressen und Kontakte

Sie können Adressen und Kontakte für diesen Titel kostenfrei über unsere Internetseite nach erfolgter Registrierung online abrufen.

Nutzen Sie dazu bitte den angegebenen Link und melden Sie sich nach den dort beschriebenen Schritten an. Sie können auf die Materialien über *Mein Konto* zugreifen, indem Sie unter *Meine Zusatzmaterialien* den Code eingeben. Sie werden dann automatisch in den Downloadbereich weitergeleitet.

Link: hgf.io/download
Code: B-4F4I8I

Wir empfehlen Ihnen, sich die Materialien auf Ihrem Rechner zu speichern, um sie jederzeit dauerhaft nutzen zu können

Reihennachwort der Herausgeber*in der Reihe Psychologische Kinderbücher

Die *Psychologischen Kinderbücher* entstanden durch einen seltenen Glücksfall im Kontext von zwei Seminarveranstaltungen des Fachbereichs Psychologie an der Philipps-Universität Marburg (PUM) im Winter- und Sommersemester 2014/15: Als Kooperationsprojekt entwickelten das Institut für Bildende Kunst und der Fachbereich Psychologie der PUM eine praktische Übung für illustrierte psychologische Kinderbücher. Wir danken Prof. Tillmann Damrau und Dipl.-Des. Sabine Funk (beide heute Technische Universität Dortmund) für ihre Pionierarbeit am Institut für Bildende Kunst der PUM und die initiale Betreuung der ersten Bücher. Die Studierenden der Bildenden Kunst hatten Entwürfe zu Kinderbüchern erstellt, die verschiedene psychologische Themen behandeln. Diese Entwürfe wurden von den Studierenden der Psychologie auf der Textebene bearbeitet, sodass psychoedukative Bilderbücher zu psychischen Störungen im Kindes- und Jugendalter entstanden sind, die den neusten Wissensstand zu den jeweiligen Störungen repräsentieren.

Seit dem Sommer 2017 gibt es die *Psychologischen Kinderbücher* nun als Reihe im Hogrefe Verlag. Die PUM würdigte dieses Projekt im selben Jahr mit einem Preis für besonders innovative Lehre. Dieser Preis sowie die Unterstützung durch den Hogrefe Verlag ermöglichen es, seit 2018 die renommierte Illustratorin Leonore Poth und seit 2019 die Schriftstellerinnen Claudia Gliemann und Kathrin Lange hinzuzuziehen, die das Projekt künstlerisch begleiten.

Für die Kinderbücher, die seit 2018 erschienen sind, haben wir uns für eine klare Aufgabenverteilung entschieden: Die Studierenden der Bildenden Kunst konzentrieren sich unter Anleitung von Leonore Poth ausschließlich auf die Illustration der Geschichten und die Gestaltung der Bücher, und die Studierenden der Psychologie auf die Geschichte und Inhalte,betreut durch Prof. Dr. Hanna Christiansen und unterstützt durch ein Herausgeberteam aus Expert*innen der Klinischen Kinder- und Jugendpsychologie: Prof. Dr. Christina Schwenck (Universität Gießen),

Prof. Dr. Tina In-Albon (Universität Koblenz-Landau) und Prof. Dr. Guy Bodenmann (Universität Zürich) sowie aktuell durch die Autorin Kathrin Lange.

Für die Neuerscheinungen 2021 konnten wir Herausgeber*innen mit spezifischer Expertise in diesen Bereichen gewinnen. Frau PD Dr. Anna-Maria Dittrich, Dr. Angelika Thon, Karl Kreh und Dr. Mira-Lynn Chavanon sei herzlich für ihr Engagement bei der fachlichen Betreuung gedankt. Diese neuen Bücher behandeln Diabetes (*Milli und die Zuckerdrachen*), Asthma (*Ecke, Abseits und die Atemnot*), Neurodermitis (*Mission Schuppe*), Krebserkrankungen im Kindesalter (*Allein ist keine Farbe*) und Epilepsie (*Wackelkontakt*) und fokussieren die psychosozialen Belastungen durch chronisch körperliche Erkrankungen bei Kindern und geben Kindern und Eltern Tipps zum Umgang damit.

Wir freuen uns besonders, dass aus dem universitären Seminaralltag und dem akademischen „Elfenbeinturm" eine so gelungene Buchreihe für kleine Leser*innen und hilfreiche Publikationen für Therapeut*innen und Eltern hervorgeht, und wünschen dieser Reihe viele begeisterte Leser*innen und Nutzer*innen. Die Reaktionen auf die bisherigen Bücher waren überwältigend positiv, worüber wir uns sehr freuen. Wir sind uns sicher, dass wir mit den neu hinzukommenden Büchern an diesen Erfolg anknüpfen können. Die bisherigen Rückmeldungen von Leser*innen und Fachleuten aus der Praxis konnten die Qualität der Bücher weiter steigern und trugen dazu bei, die Reihe erfolgreich auf dem Kinderbuchmarkt zu etablieren.

Prof. Dr. Hanna Christiansen, Prof. Klaus Lomnitzer, Dr. Mira-Lynn Chavanon und Karl Kreh (Marburg), Prof. Dr. Tina In-Albon (Landau), Prof. Dr. Christina Schwenck (Gießen), Prof. Dr. Guy Bodenmann (Zürich), PD Dr. Anna-Maria Dittrich und Dr. Angelika Thon (Hannover)

September 2021

Nachwort - Aus künstlerischer Sicht

Die Psychologischen Kinderbücher sind inzwischen zu einem festen Bestandteil des Curriculums an beiden Fachbereichen geworden. Für Studierende sind sie attraktiv, weil sie zum einen ernste Themen fachlich aufbereiten und dies nicht allein auf wissenschaftlichem, sondern auch auf künstlerischem Weg vermitteln. Zum anderen ist es eine große Herausforderung und Chance, dem hohen Anspruch gerecht zu werden und die Bücher tatsächlich publizieren zu können. Bis eine Geschichte entwickelt und aufs Wesentliche reduziert und kindgerecht formuliert ist, ist viel zu tun. Daher ist die kompetente künstlerische Betreuung auf Bild- und Textebene ein notwendiges Tandem. Für die Studierenden sind die Textarbeit, die Entwicklung der Illustrationen und insbesondere die intensive Auseinandersetzung mit professionellen Gestaltungsprogrammen reizvolle, aber permanent blinkende Großbaustellen in ihren eng getakteten Stundenplänen.

Mittlerweile ist nach einigen erfahrungsreichen Jahren ein optimierter Ablauf entwickelt worden, dessen Einhaltung angesichts der außergewöhnlichen Anforderungen, die mit der Corona-Krise verbunden sind, ehrgeizig geblieben ist. Dass ein derartiges Kinderbuchprojekt sowohl Disziplin als auch eine hohe Motivation voraussetzt, wird gelegentlich erst während des langen Arbeitsprozesses wirklich deutlich. Ohne das außerordentliche und leidenschaftliche Engagement der Studierenden wären zielführende Arbeitsprozesse an jedem einzelnen Buchprojekt undenkbar. Die Kunststudierenden müssen zu den kompakten Geschichten, die von den Psychologie-Studierenden kreiert werden, sensibel passende Bilder entwickeln und diese darüber hinaus mit dem Text verbinden und bis zur Publikationsreife gestalten und dabei oft neue, digitale Techniken einüben und schließlich kompetent anwenden.

Für die gelungene Umsetzung der vorgegebenen Themen in anspruchsvolle, aber auch unterhaltsame und kindgerechte Bücher danken wir den beteiligten Studierenden. Wir hoffen sehr, dass auch die neuen Bücher ihre helfende Wirkung auf Kinder und Eltern entfalten werden, und wünschen den einzelnen Büchern wie der gesamten Reihe viel Erfolg!

Kathrin Lange
Autorin, Lehrbeauftragte am FB 04 Psychologie
Philipps-Universität Marburg

Leonore Poth
Künstlerin, Lehrbeauftragte für Kinderbuchgestaltung am
Institut für Bildende Kunst

Klaus Lomnitzer
Professor für Grafik und Malerei,
Geschäftsführender Direktor des Instituts für Bildende Kunst
FB 09 Germanistik und Kunstwissenschaften
Philipps-Universität Marburg

Nachwort der Herausgeberin des Bandes

Sophies Haut sieht anders aus als die anderer Kinder, weil sie unter atopischer Dermatitis (Synonym: Neurodermitis) leidet. Sie hat schon erfahren, dass andere Kinder durch ihr Aussehen beunruhigt werden und sie deshalb ausgegrenzt wird. Sophie macht sich daher große Sorgen, als sie in eine neue Schule gehen soll. Leider kommt es so, wie sie es sich ausgemalt hat: Die anderen Kinder finden ihre Haut im wahrsten Sinne des Wortes abstoßend. Sie schließen Sophie aus, und sie zieht sich immer mehr zurück. Erst durch ihre Aufklärung über ihre Erkrankung, die sie ihren Mitschüler*innen in einem spannenden Spiel vermittelt, gelingt es ihr, deren Verständnis zu erlangen und ihre Ausgrenzung zu beenden.
Im zweiten Teil des Buchs sind kindgerechte Informationen zur atopischen Dermatitis enthalten. Zusammen mit der Geschichte Sophies können mit den Betroffenen zudem hilfreiche Tipps und Lösungen für verschiedene Aspekte der Erkrankung erarbeitet werden. Für Eltern von betroffenen Kindern werden Hilfestellungen gegeben, um die Motivation der Kinder für ungeliebte Therapien zu erhöhen. Auch eine psychotherapeutische Unterstützung wird als hilfreiche Lösung bei starker psychischer Komorbidität vorgeschlagen. Schließlich bietet das Buch eine Kurzinformation für Lehrkräfte über das Krankheitsbild und Ideen zur Gruppenstärkung in der Klasse an.

Etwa 12 Prozent aller Kinder und Jugendlichen in Deutschland leiden an einer atopischen Dermatitis. Aufgrund der geröteten, z.T. auch feuchten Hautstellen ist die Erkrankung stark stigmatisierend. Der starke Juckreiz und die einhergehende Schlaflosigkeit stellen für die betroffenen Kinder und Jugendlichen und ihre Eltern eine weitere, hohe Belastung dar. Vergesellschaftete Nahrungsmittelallergien können zu einer deutlichen Einschränkung des Alltags führen aufgrund der Angst vor schweren allergischen Reaktionen und einer reduzierten Zahl von Grundnahrungsmitteln, die gegessen werden dürfen. Diese Belastungen führen zu einer Reduktion gesundheitsbezogener Lebensqualität und sind mit einem erhöhten Risiko für internalisierende psychische Komorbiditäten verbunden. Die im Buch vorgestellten kindgerechten Krankheitsinformationen, Lösungsstrategien für konfliktreiche Situationen und Motivationsstrategien im Sinne einer Psychoeduktion stellen nachgewiesen hilfreiche Strategien zum Umgang mit der atopischen Dermatitis dar.
Mit diesem Buch liegt eine kindgerechte Geschichte zum Thema „Atopische Dermatitis“ vor, die mit den liebevollen und farbenfrohen Illustrationen alle Kinder einlädt, über den eigenen Umgang mit Mitschüler*innen, die „anders“ sind, ohne Scham nachzudenken. Für Kinder, die selbst von einer chronischen Erkrankung betroffen sind und deshalb anders aussehen oder sich anders verhalten, zeigt das Buch, dass das Sprechen über die Erkrankung und die Erklärung ihrer Besonderheiten einen Weg aus der stigmatisierten Rolle heraus ermöglichen kann.

Ich wünsche allen Kindern, Eltern und anderen Interessierten viel Spaß beim Lesen!

PD Dr. Anna-Maria Dittrich

Hannover, im Herbst 2021

Illustrator*innen

Mazen Abdalli

wurde 1992 in Damaskus geboren. 2016 absolvierte er seinen Bachelor Bildende Kunst an der Damaskus-Universität und arbeitete als Animator. In Marburg absolviert er nun den Master Bildende Kunst.

Mira Rzany

wurde 1993 in Engelskirchen geboren. Nachdem sie in Bonn ihren Bachelor in Kunst, Kunstpädagogik und Kunsttherapie beendet hatte, kam sie nach Marburg, um den Master Bildende Kunst zu absolvieren.

Autor*innen

Annika Hildebrandt und Lara Neudert studieren Psychologie in Marburg. Im Rahmen des Seminars „Psychologische Kinderbücher" haben sie ihre Leidenschaft fürs Schreiben neu entdeckt. Mit diesem Buch wollen sie ihr im Studium erworbenes Wissen praktisch anwenden und Kindern näherbringen.

Lara Neudert

wurde 1998 in Alsfeld geboren. Schon als Kind hat sie beim Geschichtenschreiben oft die Zeit vergessen. Umso begeisterter war sie von der Möglichkeit, nun endlich ein eigenes Buch veröffentlichen zu können.

Annika Hildebrandt

wurde 1997 in Troisdorf geboren. In ihrer Kindheit handelten ihre liebsten Geschichten und Hörbücher von Detektiven und Detektivinnen. So war auch sofort klar, dass die Heldin ihres ersten eigenen Buches eine Detektivin sein muss.

Bibliografische Information der Deutschen Nationalbibliothek
Die Deutsche Nationalbibliothek verzeichnet diese Publikation in
Deutschen Nationalbibliografie; detaillierte bibliografische Daten sinc
Internet über http://www.dnb.de abrufbar.

Anregungen und Zuschriften bitte an:
Hogrefe AG
Lektorat Psychologie
Länggass-Strasse 76
3012 Bern
Schweiz
Tel. +41 31 300 45 00
info@hogrefe.ch
www.hogrefe.ch

Lektorat: Dr. Susanne Lauri
Herstellung: Daniel Berger
Druck und buchbinderische Verarbeitung: Finidr s.r.o., Český Těšín
Printed in Czech Republic

1. Auflage 2021

(E-Book-ISBN_PDF 978-3-456-96181-1)
ISBN 978-3-456-86181-4
http://doi.org/10.1024/86181-000